VENTE

des Jeudi 5 et Vendredi 6 Novembre 1903

Hôtel Drouot, Salle n° 7

à 2 heures et demie.

TABLEAUX

Anciens et Modernes

DESSINS

Aquarelles, Gravures

Commissaire-Priseur :

Mᵉ Léon TUAL.

Experts :

MM. BERNHEIM JEUNE,
Paul ROBLIN.

CATALOGUE

de Tableaux

ANCIENS ET MODERNES

Dessins et Aquarelles

d'Artistes Contemporains

GRAVURES ET DESSINS EN LOTS

Dont la vente aux enchères publiques aura lieu

HÔTEL des COMMISSAIRES-PRISEURS, Rue Drouot, n° 9

SALLE N° 7

Les Jeudi 5 et Vendredi 6 Novembre 1903

A DEUX HEURES ET DEMIE

Commissaire-Priseur :

Mᵉ Léon TUAL, 56, Rue de la Victoire.

Experts :

POUR LES TABLEAUX :

MM. BERNHEIM JEUNE, 18, Rue Laffite.

POUR LES DESSINS :

M. Paul ROBLIN, 65, Rue Saint-Lazare.

Exposition publique le Mercredi 4 Novembre 1903

de une heure et demie à cinq heures et demie.

Conditions de la Vente

Elle sera faite au comptant.

Les acquéreurs paieront *dix pour cent* en sus des prix d'adjudication.

L'exposition mettant le public à même de se rendre compte de l'état des objets, il ne sera admis aucune réclamation une fois l'adjudication prononcée.

Ordre des Vacations

Jeudi 5 Novembre 1903. Tableaux, nᵒˢ 1 à 75
Vendredi 6 Novembre 1903. Dessins, nᵒˢ 76 à 212
—   —   —   —   Gravures en lots.

DÉSIGNATION

Tableaux

BADOIS (E.)

1 — *Voiture de promenade.*
Bois. Signé à droite.

(H. 0,18. L. 0,23)

BARRIAS (Félix)

2 — *Trompette de cavalerie.*
Esquisse sur papier, signée, avec dédicace.

(H. 0,40. L. 0,30)

BENNER (Em.)

3 — *Etude de femme.*
Toile. Signée.

(H. 0,36. L. 0,23)

BENNER (J.)

4 — *Jeune Capriote.*
Toile. Signée, avec dédicace

(H. 0,60. L. 0,50)

BESNUS (A.

5 — *Chevaux au pâturage.*
Bois. Signé et daté 55.

(H. 0,25. L. 0,37

BEYLE

6 — *Un Moine.*
Toile. Signée, avec dédicace.

(H. 0,31. L. 0,23)

BODMER (Karl)

7 — *Chevreuil dans des ronces.*
Bois. Signé.

(H. 0,31. L. 0,23)

BONHEUR (Rosa)

8 — *Etude de veau.*
Toile. Signée.

(H. 0,20. L. 0,24)

BOUILLARD

9 — *Fruits.*
Toile. Signée.

(H. 0,15. L. 0,20)

BROGNARD

10 — *Paysage.*
Toile. Signée.

(H. 0,32. L. 0,40)

C. D. B.

11 — *Halte de cavaliers. Deux pendants.*
Panneaux. Signés des initiales C. D. B.

(H. 0,16. L. 0,21)

CHAM

12 — *Souvenirs de Crimée.*
Esquisse sur carton. Signée.

(H. 0,24. L. 0,18)

COIGNET

13 — *Rendez-vous de chasse.*
Toile.

(H. 0,53. L. 0,45)

COLLIGNON (Ennemond)

14 — *Femme orientale.*
. Toile. Signée et datée 1887.

(H. 0,38. L. 0.30)

COLLIGNON (Pauline)

15 — *Nature morte.*
Toile. Signée et datée 1880.

(H. 0,50. L. 0,60)

16 — *Pêches et chrysanthèmes.*
Toile. Signée des initiales et datée 1875.

(H. 0,35. L. 0,52)

17 — *Paysage.*
Toile. Signée et datée 1883.

(H. 0,24. L. 0,32)

COROT

18 — *Le Pont Saint-Ange.*
Belle esquisse sur carton.

(H. 0,21. L. 0,36)

COURBET (G.)

19 — *Marine.*
Toile. Signée à droite.

(H. 0,35. L. 0,53)

COUTURIER (Léon)

20 — *L'Exercice du sabre d'Abordage à Bord d'un Cuirassé.*
Toile. Signée, avec dédicace.

(H. 0,45. L. 0,32)

DECAMPS (Ecole de).

21 — *Types orientaux.*
Toile.

(H. 0,19. L. 0,25)

DESBROSSES (Jean)

22 — *Baigneuse.*
Toile. Signée.

(H. 0,33. L. 0,26)

DESMARQUAIS (H.).

23 — *Dans les coupes.*
Panneau. Signé, et daté 1886.

(H. 0,26. L. 0,38)

24 — *La Lande.*
Panneau. Signé et daté 1882 avec dédicace.

(H. 0,26. L. 0,43)

25 — *Paysage.*
Panneau. Signé.

(H. 0,23. L. 0,38)

26 — *Sous bois.*
Panneau. Signé et daté 1883.

(H. 0,26. L 0,40)

DICK

27 — *Plage hollandaise.*
Toile.

(H. 0,32. L. 0,40)

DOMICENT (M.)

28 — *Danses villageoises. — Réjouissances villageoises. Deux pendants.*
Bois. Signés.

(H. 0,40. L. 0,32)

DUPRÉ (V.)

29 — *Paysage au bord de l'eau.*
Bois. Signé.

(H. 0,13. L. 0,10)

30 — *Paysage avec mare.*
Bois.

(H. 0,15. L. 0,12)

ÉCOLE ANCIENNE

31 — *Vénus au bain.*
Panneau.

(H. 0,34. L. 0,46)

ÉCOLE FRANÇAISE XVIIIᵉ SIÈCLE

32 — *Portrait de l'abbé de Pradenc.*
Toile ovale.

(H. 0,70. L. 0,56)

ÉCOLE HOLLANDAISE

33 — *Intérieur hollandais. — Joueurs Flamands.
Deux pendants.*
Toiles de forme ronde.

(Diam. 0,075)

ÉCOLE HOLLANDAISE

34 — *Buveurs Flamands. Deux pendants.*
Bois.

(H. 0,24. L. 0,18)

ÉCOLE ITALIENNE

35 — *Jeux d'enfants. Deux pendants.*
Toiles.

(H. 0,23. L. 0,18)

ESBRAL (B.)

36 — *Habitation rustique.*
Bois.

(H. 0,40. L. 0,32)

FORAIN

37 — *Etude prise à la Bourse.*
Toile.

(H. 0,31. L. 0,23)

FRAPPA (José)

38 — *Un homme noir.*
Panneau, signé.

(H. 0,34. L. 0,26)

GIACOMOTTI (H,)

39 — *Enlèvement de Déjanire.*
Toile. Signée.

(H. 0,40. L. 0,31)

GUILLEMET (A.)

40 — *Un coup de vent à Villersville.*
Toile. Signée, avec dédicace.

(H. 0,38. L. 0,55)

HANOTEAU (H.)

41 — *La mare aux oies.*
    Toile. Signée et datée 1882.
        (H. 0,26. L. 0,39)

42 — *L'Eau dormante.*
    Panneau. Signé et daté 1879.
        (H. 0,27. L. 0,34)

HENNER

43 — *Etude de femme couchée.*
    Belle étude sur carton, signée.
        (H. 0,12. L. 0,21)

HUBER

44 — *Paysage avec animaux.*
    Toile. Signée et datée 1853.
        (H. 0,42. L. 0,58)

45 — *Bûcherons en forêt.*
    Toile. Signée et datée 53.
        (H. 0,42. L. 0,58)

INCONNU

46 — *Femme assise et lisant.*
    Bois.
        (H. 0,30. L. 0,24)

47 — *Forgerons.*
    Bois.
        (H. 0,31. L. 0,24)

48 — *Femme Italienne.*
    Toile.
        (H. 0,24. L. 0,19)

JARRAND

49 — *Entrée du bois de Clamart.*
Panneau. Signé et daté 75.

(H. 0,34. L. 0,25)

KAEMMERER (F. H.)

50 — *Tête de femme, 1830.*
Toile. Signée.

(H. 0,18. L. 0,13)

51 — *Paysage.*
Toile. Signée.

(H. 0,18. L. 0,21)

KRATKÉ (L.)

52 — *Epagneul couché.*
Panneau. Signé.

(H. 0,20. L. 0,25)

LAURENS (Jean Paul)

53 — *Etude d'enfant nu.*
Esquisse sur toile, signée, avec dédicace.

(H. 0,40. L. 0,26)

LEBEIGLE (Ch.)

54 — *Bouquet de fleurs.*
Toile. Signée.

(H. 0,32. L. 0,23)

LEFÈVRE (Jules).

55 — *Adoration des Mages.*
Esquisse sur toile.

(H. 0,31. L. 0,38)

LEMAITRE (Gustave)

56 — *L'Automne.*
Grisaille.
(H. 0,22. L. 0,31)

57 — *Gourbis aux environs d'Alger.*
Grisaille.
(H. 0,24. L. 0,32)

LOBEL (J. de)

58 — *Cour de ferme.*
Toile. Signée.
(H. 0,58. L. 0,72)

59 — *Intérieur de cuisine.*
Toile. Signée.
(H. 0,45. L. 0,37)

LOIR (Luigi)

60 — *Pêcheuses.*
Panneau. Signé.
(H. 0,10. L. 0.28)

61 — *Une plage.*
Toile. Signée.
(H. 0,23. L. 0,34)

62 — *Paysage, effet d'hiver.*
Toile. Signée.
(H. 0,13. L. 0,27)

MARAIS (Ad.)

63 — *Troupeau de vaches au bord de la mer.*
Toile. Signée.
(H. 0,31. L. 0,45)

64 — *Troupeau de moutons.*
Toile. Signée.
(H. 0,27. L. 0,34)

RAPIN

65 — *Le Gros nuage.*
Toile. Signée.

(H. 0,32. L. 0,54)

RIOTTOT (A.)

66 — *Bouquet de fleurs.*
Peinture sur porcelaine. Signée.

(H. 0,23. L. 0,17)

SAPECK

67 — *Côtelettes à l'étalage.*
Toile. Signée et datée 79.

(H. 0,22. L. 0,20)

SAUZAY (A.)

68 — *Plage de Barfleur à marée basse.*
Grisaille.

(H. 0,30. L. 0,42)

69 — *Marée basse à Gravelines (Nord).*
Grisaille.

(H. 0,32. L. 0,42)

STEVENS (A.)

70 — *Portrait de femme.*
Toile. Signée.

(H. 0,47. L. 0,38)

VERON (A. R.)

71 — *La plage de Boulogne.*
Toile. Signée.

(H. 0,58. L. 0,92)

VERON (A. R.)

72 — *Cour de ferme.*
> Toile. Signée et datée 1849.

(H. 0,31. L. 0,36)

73 — *Etude d'arbres.*
> Toile. Signée et datée 1847.

(H. 0,31. L. 0,36)

74 — *Vieille masure.*
> Toile. Signée et datée 1845.

(H. 0,37. L. 0,31)

WAGNER (F.)

75 — *Réchaud et hareng saur.*
> Toile.

(H. 0,27. L. 0,44)

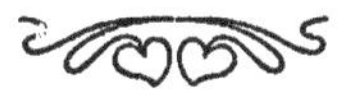

Dessins et Aquarelles

ANONYME

76 — *Paysages. Deux pendants.*
Crayon noir, rehaussé de blanc.

77 — *Paysage animé de figures.*
Bistre.

ARNULL (Geio)

78 — *Le Destrier, vainqueur du grand prix.*
Aquarelle. Signée.

BERTALL

79 — *Un Boursier.*
Encre de Chine. Signé.

BILHAUD (Paul)

80 — *Madame Veuve X***, (Nature demi-morte).*
Fantaisie exposée aux Incohérents.
Plume et aquarelle. Signé avec dédicace.

BONINGTON (R. P.)

81 — *Etude de chevalier à genoux. (Abbaye de Westminster).*
Aquarelle.

82 — *Gentilhomme Louis XIII, debout, son chapeau sous le bras.*
Aquarelle.

83 — *Gentilhomme Louis XIII, debout.*
Aquarelle.

84 — *Sujets d'enfants. Deux dessins.*
Aquarelles.

85 — *Vue de Ville au bord d'une rivière.*
Aquarelle.

BOUCHER (Ecole de Fr.)

86 — *Paysanne portant son enfant.*
Au lavis rehaussé de gouache, composition ovale.

BOUCHOR (J. F.)

87 — *Feuille d'études.*
Crayon noir. Signé.

BOURGEOIS

88 — *Eglise de village.*
Sépia. Signée avec dédicace.

89 — *Paysage montagneux.*
Lavis de bistre. Signé avec dédicace.

BOURGEOIS

90 — *Paysage montagneux.*
Aquarelle signée, avec dédicace.

BRESLAU (Mlle L.)

91 — *Portrait de jeune fille.*
Pastel, signé des initiales et daté 1888.

BRUNEAU (Am.)

92 — *Bouquet de fleurs.*
Aquarelle. Signée.

BRUNET-DEBAISNES (A.)

93 — *Paysage.*
Sépia. Signée.

C^r

94 — *Costumes de femme. Deux pendants.*
Plume et aquarelle, rehaussé de gouache. Un
est signé des initiales C^r.

CHATELET (Attribué à)

95 — *Cour de ferme.*
Aquarelle.

CHÉCA (V.)

96 — *Patricienne romaine.*
Crayon noir. Signé.

CHELMINSKY (Jan V.)

97 — *Soldats de la République, aux environs du mont Saint-Gothard, Campagne 1799.*

Crayon noir. Signé.

CLERMONT-GALLERANDE (A. de)

98 — *Le Grand Prix de Paris 1889.*

Plume. Signée.

99 — *La Potinière.*

Plume. Signée.

COESSIN

100 — *La Jolie Jardinière du Directoire.*

Plume, rehaussée.

COLLIGNON (Pauline)

101 — *Bouquet de violettes.*

Pastel. Signé et daté 1874.

CORDOVA (C.)

102 — *Derniers préparatifs pour la revue, 1789.*

Sépia. Signée.

COUTURIER (Léon)

103 — *Etude de marins.*

Crayon noir. Signé.

COURCHÉ (F.)

104 — *Tête d'étude. — Sujet pour illustration. — Portraits.*

Cinq dessins à la plume et aux crayons de couleur.

DAUBIGNY (C.)

105 — *La Seine, aux environs de Rouen.*
Mine de plomb. Signé.

DEBAT-PONSAN

106 — *Mlle Sandrini dans la Maladetta.*
Sanguine. Signée.

DEFEUILLE (P.)

107 — *Corbeille de fruits.*
Pastel. Signé et daté 70.

DEROY (A.)

108 — *Vue de Croissy. Marine et paysage.*
Quatre dessins, crayon noir et aquarelle.

DESHAYES (Eugène)

109 — *Vieux marché à Rennes.*
Crayon noir. Signé.

DEVERIA (A.)

110 — *Les Bijoux.*
Aquarelle.

111 — *La Bonne mère.*
Aquarelle.

112 — *Famille chinoise.*
Aquarelle.

DRANER

113 — *Le Soldat Pinteau.*
> Plume et aquarelle. Signé avec dédicace.

114 — *Pinteau en extase.*
> Plume et aquarelle. Signé avec dédicace.

DUHEM (Marie)

115 — *La Grande Route.*
> Crayon noir. Signé.

DUMARESQ (Armand)

116 — *Une bonne histoire.*
> Plume. Signée.

DUPAIN (E.)

117 — *Châtelaine Renaissance tenant un faucon.*
> Crayon noir rehaussé. Signé et daté 90.

DUTHOIT (Paul)

118 — *Un Sauvetage.*
> Crayon noir. Signé et daté 1897.

ECOLE FRANÇAISE

119 — *Portrait de Voltaire.*
> Sanguine.

120 — *L'Offrande à l'Amour.*
> Aquarelle, a été gravée par Janinet.

121 — *Personnages auprès d'un monument fu-nèbre.*
> Gouache.

FAUSTIN

122 — *Madame Diogène.*
Plume. Signée.

FERDINANDUS

123 — *Le colonel Ramollot.*
Aquarelle Signée et datée 12 févr. 84.

124 — *Le Joueur d'Orgues de Barbarie en Orient.*
Pierre noire. Signée et datée 1882.

FLANDRIN (Hypolite)

125 — *Projets de décoration pour l'église de St-Denis à Montpellier. Cinq dessins.*
Plume.

FORAIN

126 — *Portrait de l'artiste, Etudes et Croquis. Douze sujets dans le même cadre.*
Plume et aquarelles.

FRANCIA (A.)

127 — *Marine Hollandaise.*
Aquarelle. Signée.

FRAYSSEIX (Mis de)

128 — *Marine.*
Aquarelle. Signée et datée 1890.

GENIOLE (A.)

129 — *Danseuse espagnole.*
Aquarelle. Signée.

130 — *Type de raccoleuse.*
Plume et aquarelle. Signée.

GÉROME

131 — *Etude pour un tableau représentant une vente d'esclaves aux enchères à Rome.*
Crayon noir. Signé.

GIACOMOTTI (F.)

132 — *Baigneuse.*
Fusain Signé des initiales.

GLAIZE (Léon)

133 — *Jeune femme en costume chinois.*
Crayon noir. Signé.

GOYA (Fr.)

134 — *La Sorcière.*
Pierre noire.

GREUZE (J.-B.)

135 — *Etude d'homme en pied.*
Crayons de couleur ; au verso, étude de femme.

GRÉVIN

136 — *Aux Tuileries.*
Mine de plomb. Signée des initiales.

GUÉRARD (Am.)

137 — *L'Etude.*
Plume. Signée et datée 94.

GUÉRARD (H.)

138 — *Oiseaux et bambous. Composition pour*
éventail.
Aquarelle. Signée.

GUYS (Constantin)

139 — *Souvenir du marché aux bêtes à Epinal.*
Crayon noir rehaussé de blanc. Signé des
initiales.

HEIM

140 — *Etude pour « la Guerre ». Peinture du*
Corps législatif.
Crayon noir.

HEULLANT

141 — *Etude de deux femmes.*
Crayons noirs et blancs.

INGRES ?

142 — *Philémon et Baucis.*
Mine de plomb et lavis d'encre de Chine. Signé
et daté 1816.

INCONNU

143 — *Fontaine sur une place publique.*
Sépia.

ISABEY (Eug.)

144 — *Maison en bois à Tréguier.*
Mine de plomb. Cachet de la vente.

JACQUET (G.)

145 — *Jeune femme assise.*
Sanguine. Signé et daté 83.

JOBERT (Paul)

146 — *L'Avant-port à Cherbourg.*
Crayon noir. Signé.

147 — *Portrait de jeune femme.*
Crayon noir. Signé.

KAEMMERER (F.-W.)

148 — *Le Jeune Dessinateur.*
Très fine aquarelle, signée.

KAUFFMANN (P.)

149 — *Le Professeur de Chimie.*
Crayon noir et aquarelle. Signé avec dédicace.

LA GUILLERMIE

150 — *Feuille d'étude pour* Paul et Virginie.
Mine de plomb. Signé.

LANCRET (d'après N.)

151 — *Tête de femme.*
Crayons de couleur.

LAUTERS (Paul)

152 — *Paysan Liégeois.*
Crayon noir et aquarelle. Signé et daté 58.
Avec dédicace.

LECLERC (Sébastien)

153 — *Couronnement de Louis XIV.*
Plume et lavis rehaussé de sanguine.

LECLÈRE (H.)

154 — *Allégorie pour servir de frontispice au compte-rendu du Roy par M. Necker.*
Sanguine. Signé. Cadre en bois sculpté.

LECLÈRE (d'après)

155 — *Scènes de l'Enfant prodigue, deux pièces.*
Fixés sur verre.

LEGRAND (Louis)

156 — *La femme à l'éventail.*
Aquarelle. Signée.

LEGRAND (Paul)

157 — *Visite à l'atelier.*
Crayon noir. Signé.

LEROY (Jules)

158 — *Chat et oiseau mort.*
Plume. Signée et datée 1897.

LEROY (Paul)

159 — *Etude pour le Saint Antoine.*
Crayon noir. Signé.

LHERMITTE

160 — *Leçon d'anatomie.*
Belle composition au crayon noir. Signée.

LOIR (Luigi)

161 — *Le Colonel Ramollot.*
Très belle aquarelle, signée. — On y a joint le volume de Charles Leroy.

162 — *Le Capitaine Lorgnegrue.*
Aquarelle signée. — On y a joint deux épreuves d'artiste de l'eau-forte de Duvivier, deux états de la couverture et le volume de Charles Leroy.

163 — *Les farces du lieutenant Bernard.*
Aquarelle signée. — On y a joint une épreuve d'artiste de la couverture et le volume de Charles Leroy.

164 — *Le Sergent Roupoil.*
Aquarelle signée. — On y joint une épreuve d'artiste de la couverture.

165 — *Les finesses de Pinteau.*
Aquarelle signée. — On y a joint deux états différents de la couverture.

166 — *Cour de ferme.*
Aquarelle signée.

167 — *Paysage, effet de neige.*
Plume. Signée avec dédicace, 1885.

MADOU (J.-B.)

168 — *Le marchand de bijoux.*
Crayon noir et Lavis.

MATHIEU-LOLLIOT (M.)

169 — *La Rieuse.*
Crayon noir. Signé.

METZMACHER (E.)

170 — *Le Lion amoureux.*
Plume. Signée.

MINIATURE

171 — *Portraits de deux médecins. (XVIIe siècle).*
Belle miniature. Cadre en bois sculpté.

MORIN (E.)

172 — *Le Colonel Ramollot.*
Plume. Signée.

MYRBACH

173 — *"…. Quand Lemarchand vit en face de lui, debout près de la croix de pierre plantée sur la tombe un homme qui mordait et déchirait son mouchoir dans une crise de rage silencieuse. " Henri Lavedan* (Inconsolables, p. 11).
Encre de chine. Signé.

NOEL (Jules)

174 — *Paysage, effet de neige.*
Fusain. Signé.

OLARIA

175 — *Chasse au sanglier.*
Crayon noir. Signé.

OUDRY (G.)

176 — *Cavaliers arabes.*
Aquarelle.

PASSAGE (Comte du)

177 — *Un Etalonnier.*
Aquarelle. Signée, 1889.

PETITJEAN (Edmond)

178 — *La Tour de la Chaîne, à la Rochelle.*
Crayon noir. Signé.

PILLE (Henri)

179 — *Portrait de Pinteau.*
Plume et lavis. Signé. On y a joint le cuivre gravé par A. Duvivier, deux épreuves d'artistes et le volume de Charles Leroy.

180 — *Portrait de Pinteau.*
Plume et lavis. Signé. On y a joint le cuivre gravé par A. Duvivier, deux épreuves d'artistes et le volume de Charles Leroy.

181 — *Un Tambour.*
Plume et aquarelle. Signé avec dédicace.

PORTAIL (Jacques-André)

182 — *Vue des petits appartements de Versailles.*
Crayons de couleur. (Collection A. Mène).

RÉGAMEY (Frédéric)

183 — *Sujets pour illustrations.*
Trois feuilles de croquis à la plume. Signées avec dédicace.

RIBOT (T.)

184 — *Habitation rustique, effet de nuit.*
Aquarelle. Signée et datée, 1871.

ROBAUT (F.)

185 — *Portrait d'homme.*
Lithographie aquarellée.

ROBERT (Hubert)

186 — *Intérieur de temple en ruine, avec personnages.*
Crayon noir rehaussé de sépia et d'aquarelle.

ROBERT-FLEURY (Tony)

187 — *Apothéose.*
Pierre noire. Signée et datée 1880.

ROSALBA (d'après la)

188 — *Jeune femme au singe.*
Pastel.

ROSSET (P.)

189 — *La Lecture.*
>   Crayon noir, rehaussé de sanguine. Signé.

ROUGIER (V.)

190 — *Portrait de Madame A. B. et de son fils.*
>   Plume. Signée.

ROULLET (Gaston)

191 — *Une vieille rue.*
>   Aquarelle. Signée.

ROYER (Lionel)

192 — *Fantaisie Parisienne.*
>   Sanguine, rehaussée de blanc.

SAINT-AUBIN (G. de)

193 — *Promenade à la fête champêtre.*
>   Etude au crayon noir.

SAINT-FRANÇOIS

194 — *Fontaine en Algérie.*
>   Crayon noir. Signé.

SAINT-QUENTIN (J. Ph. J. de)

195 — *Les Vœux du peuple confirmés par la Religion. Composition allégorique relative à l'avènement au trône du Roi Louis XVI et de Marie-Antoinette.*
>   Lavis d'encre de Chine. **Signé** : *Saint-Quentin del.* A été gravé par **Née et Masquelier.**

SAUVAGE (Georges)

196 — *Etude de faune. — Etudes de pieds et de mains.*

> Deux dessins à la pierre noire. Signés.

SCOTT (H.)

197 — *Rue Saint-Vincent, à Nantes.*
> Aquarelle, signée et datée 11 septembre 67.

SOUZA-PINTO

198 — *Petit Paysan.*
> Crayons de couleur. Signé.

STEINLEN

199 — *Attaque nocturne.*
> Plume et gouache. Signée, avec dédicace.

TAUZIN (Louis)

200 — *Baigneuse.*
> Plume. Signée.

TCHOUMAKOFF (Th.)

201 — *Tête de jeune fille.*
> Plume et lavis.

TRAVIÈS (G.-J.)

202 — *Les bruits du quartier.*
> Plume.

VIEN (M.-J.)

203 — *Femmes implorant un guerrier.*
   Beau dessin à la plume, lavé d'encre de Chine.

204 — *Etude de femme en costume oriental.*
   Crayon noir rehaussé de blanc sur papier gris.

VAN DEN BOS

205 — *Une Merveilleuse.*
   Crayon noir. Signé.

WATTEAU (d'après Ant.)

206 — *L'Occupation selon l'âge.*
   Sanguine.

WATTEAU DE LILLE (L.)

207 — *Feuille d'étude. Acteurs et Actrices.*
   Mine de plomb.

WERTHEIMER (G.)

208 — *Jeune femme donnant à manger à un cygne.*
   Crayon noir. Signé.

WILLETTE

209 — *Etude de têtes.*
   Trois dessins aux crayons de couleur. Signés avec dédicace.

WORMS

210 — *Après le déjeuner.*
Crayon noir. Signé.

ZAWISKY (Ed.)

211 — *Jeune femme regardant la Seine. (Souvenirs de l'Exposition de 1900).*
Crayon noir. Signé.

ZWILLER (A.)

212 — *Jeune femme de la basse Alsace.*
Crayon noir Signé.

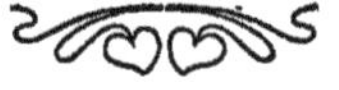

Estampes. Lithographies

DESSINS. CADRES

213 — *Un portefeuille contenant environ 100 pièces, dessins, lithographies de la Mensuelle,
portraits d'acteurs et d'actrices, cartes,
vues, plans, photographies, etc.*

214 — *Vingt dessins, aquarelles, peintures, gravures et lithographies, sous verre et enca-
drés.*

215 — *Environ cent vingt gravures, eaux-fortes,
lithographies par ou d'après Watteau,
Corot, Vernet, Charlet, etc.*

216 — *Environ quarante lithographies et gravures sur bois par Grandville, Le Poitevin,
Daumier, Adam, Traviès, Vernet, Lecomte,
etc.*

217 — *Environ cinquante lithographies par Géri-cault, Charlet, Vernet, Fragonard, Lami, etc.*

218 — *Sous ce numéro, il sera vendu par lots environ 200 dessins ayant servi à illustrer les ouvrages de Charles Leroy, par Kauff-mann, Hanriot, Uzès, Draner, Bertrand, Poirson, Fraipont, etc. Eaux-fortes en épreuves d'artistes et lithographies diverses par Willette et autres.*

219 — *Sous ce numéro, il sera vendu par lots environ 500 estampes et dessins de toutes les écoles.*

220 — *Deux cadres à tableaux. Ouverture : 0,44×0,61.*

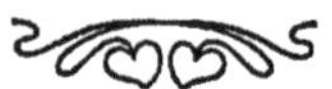

Grande Imprimerie du Centre. - HERBIN, Montluçon.